H. D'A. C.

—

LA BONTÉ DE DIEU

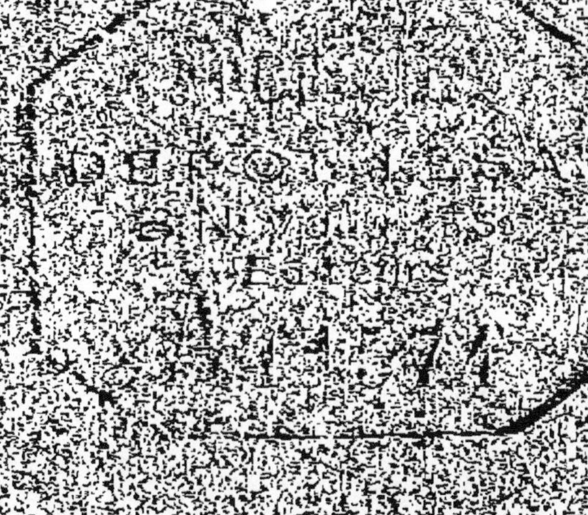

J. R. MAZEIRAC
LIVRON (Drôme)

19839

La Bonté de Dieu

« La grâce de Dieu qui apporte le salut est appa-
rue à tous les hommes, nous enseignant que,
reniant l'impiété et les convoitises mondaines, nous
vivions dans le présent siècle sobrement, et justement, et pieusement, attendant la bienheureuse
espérance et l'apparition de la gloire de notre grand
Dieu et Sauveur Jésus Christ, qui s'est donné lui-
même pour nous, afin qu'il nous rachetât de toute
iniquité et qu'il purifiât pour lui-même un peuple
acquis, zélé pour les bonnes œuvres ».

(Tite, II, 11-14)

« Quand la bonté de notre Dieu Sauveur et son
amour envers les hommes sont apparus, il nous
sauva, non sur le principe d'œuvres accomplies en
justice, que nous, nous eussions faites, mais selon
sa propre miséricorde, par le lavage de la régénération et le renouvellement de l'Esprit Saint, qu'il a
répandu richement sur nous par Jésus Christ, notre
Sauveur, afin que, ayant été justifiés par sa grâce,
nous devinssions héritiers selon l'espérance de la
vie éternelle ».

(Tite, III, 4-7)

LA BONTÉ DE DIEU

TITE, II, 11-14 ; III, 4-7

Quel moment merveilleux que celui où apparurent à l'homme, pour la première fois, la grâce et la bonté et l'amour de Dieu ! Quel moment que celui où ils furent pleinement manifestés ! Pour l'homme, c'était comme un nouveau jour, si glorieuse était la lumière de Dieu lorsque Christ entra dans ce monde. Jusqu'alors, pendant les quatre premiers mille ans de l'histoire de ce monde, Dieu n'avait pour ainsi dire envoyé qu'une lueur faible. Il ne s'était pas pleinement révélé et déclaré. Sa grâce, sa bonté, son amour étaient en activité : car il était le même Dieu que maintenant, mais ses caractères n'étaient pas mis en évidence, car Christ n'était pas venu.

« Mais, quand la bonté de notre Dieu Sauveur et son amour envers les hommes sont apparus... » — ces paroles indiquent un moment spécial où tout fut mis en pleine lumière. Quelle grâce merveilleuse était ici-bas quand Christ s'y trouvait ! Quelle bonté ! Quel amour pour l'homme ! *La grâce de Dieu apparut,* apportant le salut pour tous, non seulement pour les Juifs, mais aussi pour les Gentils ; non seulement pour les hommes extérieurement respectables, mais pour les dégradés, pour les désespérés, pour les exilés, pour celui qui avait tout perdu, pour le dernier des derniers. Puisque tous ont péché, il n'y a aucune différence entre eux, aux yeux de Dieu, dans l'exercice de la grâce envers tous.

La bonté de Dieu vint aussi en lumière, lorsque Christ était ici-bas. Le mot traduit par « bonté » est un mot remarquable. On le trouve plusieurs fois, dans le Nouveau Testament. Nous l'avons en Matthieu, XI : « Mon joug est aisé », ou bon. Puis nous l'avons en 1 Pierre, II, 3 : « Si toutefois vous avez goûté que le Seigneur est bon ». Encore, en Romains, II, 4 : « Méprises-tu les richesses de sa bonté, et de sa patience, et de sa longue attente, ne connaissant pas que la bonté de Dieu te pousse à la repentance ? » Qui a jamais été aussi bon que Jésus ? Il vint parmi les hommes comme un médecin après une terrible bataille va dans le champ des blessés et des tués. Avec une bonté inexprimable, Jésus alla parmi les masses de mourants et de personnes moralement mortes, prêt à tous les sauver. Aucun cas n'était trop difficile pour lui. Il était au service de tous. Il guérit des milliers de malades, et même il ressuscita les morts. Il apporta aussi la grâce et l'amour de Dieu aux âmes qui périssaient, moralement mortes. Il fit tout cela avec une bonté et une tendresse étonnantes envers l'homme, ce qu'on n'avait jamais vu auparavant. L'Ancien Testament avait dit : « L'Eternel est bon envers tous, et ses compassions sont sur toutes ses œuvres ». La création elle-même et la providence divine en ont témoigné. Dans tous les âges, nous pouvons voir mille preuves des merveilleux soins de la tendresse de Dieu envers l'homme. Toutefois, la bonté de Dieu ne fut jamais pleinement manifestée jusqu'à ce que Christ vint.

Alors, *Dieu se révéla*. La révélation de Dieu dépassait tout ce qu'il avait fait jusqu'à ce moment-là. C'était de beaucoup plus grandiose que la création des cieux et de la terre. Quand Jésus vint, la bonté de Dieu fut exprimée dans un Homme, son Fils unique, qui s'approcha de nous avec la plus grande tendresse ; il la manifesta envers les pécheurs les plus impies et les plus endurcis ; car il s'occupait de tous, ne faisant pas de différence entre eux. Il y avait en lui une richesse de bonté dépassant tout calcul. Jusqu'à la venue de Christ, personne n'avait jamais pensé que Dieu pouvait être aussi bon. Mais quand il vint, la bonté divine se répandit d'une manière infiniment bénie par le moyen d'un Homme ; car c'était Dieu descendu parmi les hommes dans la personne de son Fils venu en chair pour se révéler. Jésus était bon envers ceux qui, n'ayant aucune réclamation à lui faire, reconnaissaient leur indignité et leur état de péché. Personne n'avait rien à revendiquer, ni même maintenant, car tous ont péché. C'est ce qui rendit sa bonté d'autant plus frappante. Elle était tout à fait inattendue ; elle était surprenante. Personne, je le répète, n'avait jamais pensé que Dieu pouvait être aussi bon pour des pécheurs coupables. Jésus entra dans les villes et dans les villages de Galilée, prêt à manifester la même bonté envers tous — une bonté et un amour que l'homme n'avait point connus précédemment. Ce n'était pas ce qu'on a appelé « la plus belle expression de la bonté humaine », qui a toujours quelque élément d'égoïsme, et qui peut se passer de Dieu. C'était *la bonté de Dieu,* et elle ne connaissait pas de limites. Aucun livre n'aurait pu pleinement l'exprimer. C'était la bonté *de Dieu,* et seul le Fils de Dieu pouvait la manifester pleinement. La Bible elle-même n'aurait pu le faire à la place de Jésus. La Bible ne peut m'aimer, tandis que Jésus le peut, et il m'aime. La Bible parle de son amour ; des millions de personnes ont des Bibles, mais combien peu ont Christ ! Combien peu ont goûté que « le Seigneur est bon » ! Quand Christ était ici-bas, la grande majorité se contentait de voir ses miracles et ses actes extérieurs de bonté, n'allant jamais au-delà ; ils ont refusé de goûter que le Seigneur est bon, et n'ont jamais connu ce qu'il pouvait être pour un coupable qui se repent et se tourne vers lui. Ne s'étant pas repentis, ils ont méprisé les richesses de la bonté de Dieu sans savoir qu'elle pousse à la repentance.

Certainement, c'était la bonté de Dieu et son amour pour l'homme qui poussaient le brigand mourant à se repentir, de sorte qu'il reconnut qu'il était lui-même justement condamné, et qu'il rendit témoignage de Jésus, disant : « Celui-ci n'a rien fait qui ne se dût faire ». On n'avait jamais vu une bonté semblable à celle qu'on voyait dans la face de Jésus, bonté qui brillait d'autant plus clairement qu'elle formait un contraste frappant avec cette masse, autour de la croix, de visages humains caractérisés par la méchanceté la plus amère et par la haine satanique. Jamais le visage humain n'avait semblé aussi sombre qu'à ce moment-là, et jamais il n'avait été illuminé de bonté et d'amour comme le fut le visage de Jésus dans ces heures saintes de la croix. Ses paroles exprimaient aussi la bonté de son cœur, quand, répondant à la haine de l'homme, il pria : « Père, pardonne-leur, car ils ne savent ce qu'ils font ». Le brigand endurci ne pouvait résister à une telle bonté et à un tel amour. Il fut entièrement gagné ; ses pensées quant à Christ furent tout à fait changées, de sorte que, se condamnant lui-même, il fut obligé de confesser que Christ n'avait rien fait qui ne se dût faire. Ensuite, il se rejeta sur lui, implorant sa miséricorde, disant : « Souviens-toi de moi, Seigneur, quand tu viendras dans ton royaume ». Ce ne fut pas en vain qu'il compta sur cette bonté et sur cet amour, car le Seigneur le reçut immédiatement avec cette réponse qui dépassait la foi du brigand : « En vérité, je te dis : Aujourd'hui tu seras avec moi dans le paradis ». Seul, l'amour divin pouvait produire un tel changement dans un homme endurci. Et l'amour divin ouvrit à son horizon un autre monde où la haine et le péché de l'homme ne peuvent entrer : en ce même jour il devait être avec Christ lui-même dans le paradis. Quant à l'autre brigand, semblable à des milliers aujourd'hui, il ferma les yeux aux richesses de la bonté et de l'amour divin ; il les méprisa au moment même où Dieu les exprimait envers l'homme en la personne de Jésus. Pécheur impénitent, il mourait dans ses péchés.

Permettez-moi maintenant de poser la question : Que faisons-nous aujourd'hui de la bonté de Dieu, de sa grâce, de son amour étonnant envers l'homme ? Peut-être dites-vous : Si seulement j'avais vécu dans ces jours-là, il m'aurait été facile de me repentir, quand une telle Personne merveilleuse s'approchait de l'homme, et quand la grâce de Dieu et sa bonté et son amour étaient manifestés d'une manière aussi frappante. Cette excuse ne vaut rien. Dieu manifeste toujours sa bonté et son amour envers l'homme. Dieu s'est révélé une fois pour toutes. Il ne retirera jamais la révélation, et il ne permettra jamais qu'elle soit cachée. Le Saint Esprit est ici-bas pour maintenir la révélation que nous avons depuis la résurrection de

Christ et son ascension et son exaltation à la droite de Dieu. Le monde ne fut pas abandonné de nouveau à des ténèbres relatives; le Saint Esprit vint, dis-je, pour maintenir la révélation; et il verse l'amour de Dieu dans le cœur là où Christ est reçu. Pendant dix-neuf cents ans, le Saint Esprit a fidèlement gardé le témoignage de l'amour de Dieu; il n'a pas permis que la révélation de Dieu soit perdue, quelle qu'ait pu être la chute des chrétiens à cet égard. Aujourd'hui comme au commencement, vous pouvez connaître la bonté et l'amour de Dieu de la manière la plus douce. *Sa bonté et son amour ne sont pas diminués.* Le même soleil qui a brillé quand Christ était ici-bas, brille toujours. Christ est ce soleil, et il exprime toujours la même bonté merveilleuse et le même amour envers l'homme de la part de Dieu. Des millions l'ont éprouvé; ils ont goûté que le Seigneur est bon dans un monde qui n'a jamais rendu grâces à Dieu pour quoi que ce soit. D'autre part, les siens l'ont béni et loué constamment. Je ne doute pas que les saints l'ont remercié des millions de fois pour sa bonté et pour son amour merveilleux ; ils ont reconnu qu'ils ont à faire à un Dieu béni, beaucoup plus béni que ne peuvent l'exprimer de simples paroles. Depuis que Dieu s'est révélé, il y a dix-neuf cents ans, des louanges se sont élevées jusqu'à lui pour sa grâce, pour sa bonté, et pour son amour. Personne ne peut estimer la grandeur du jour où Dieu s'est révélé. Personne ne peut mesurer ou calculer l'étendue des grands résultats de l'envoi de son Fils pour le faire connaître.

Quelle différence il y avait, même dans la création, entre la lumière qui prévalut les trois premiers jours, et le moment où Dieu plaça la grande lumière du soleil dans les cieux en relation avec la terre, au quatrième jour (Genèse, I, 16, 17). Bien que la lumière brillât avant ce moment-là (dès le premier jour), toutefois il n'y avait pas de soleil pour briller sur cette terre et pour la réchauffer ; il n'y avait pas de souffle de vie, ni aucun être animé. Mais au quatrième jour, le soleil envoya ses glorieux rayons sur la terre ; alors, pour la première fois, nous trouvons la vie physique et le mouvement ; et la terre répond aux influences de chaleur et aux rayons solaires qui donnent la vie.

Depuis ce jour-là, la terre n'a jamais été privée de soleil; même au temps du déluge, le soleil était derrière les nuages; s'il n'en avait pas été ainsi, Noé et toutes les créatures qui étaient dans l'arche auraient péri. De la même manière, après quatre mille ans (pour ainsi dire au quatrième jour, en comptant mille ans comme un jour), Dieu resplendit en Christ et se révéla pleinement comme Sauveur. Quel grand et glorieux moment ! Dieu réchauffait ainsi la race humaine avec son amour manifesté dans tout le chemin de Christ ici-bas, et atteignant son point culminant à la croix du Calvaire, lorsque Dieu donna son cher Fils unique pour mourir pour nous. C'était alors que se manifestait l'amour infini du cœur de Dieu; de cette manière, Dieu se révélait complètement. La lumière qui brilla à ce moment-là, brille toujours. *La pleine lumière d'un Dieu Sauveur brille dans un Homme — le Fils unique de Dieu.* Le Seigneur Jésus est le grand Luminaire dans les cieux. Sa lumière luit pour tous les hommes. Siècle après siècle, elle a manifesté clairement et distinctement la bonté et l'amour de notre Dieu Sauveur envers l'homme. L'expression traduite « son amour envers les hommes » signifie en grec « sa philanthropie ». Dieu aime l'homme. On ne peut apprendre la vraie philanthropie qu'en Christ qui a pleinement exprimé envers l'homme l'amour du cœur de Dieu.

Les prétendus philanthropes modernes sont souvent gouvernés par des motifs égoïstes en tout ce qu'ils font, et dans la plupart des cas, Dieu est laissé dehors. Dieu n'avait pas en vue d'être applaudi, quand il manifesta son amour et donna son Fils pour nous ; l'amour de son cœur envers l'homme agissait. Dans le cœur de Christ, il n'y avait pas de motifs mixtes, pas d'égoïsme, pas de désir de popularité. En lui seul se trouvait cet amour véritable à l'égard de l'homme, cette philanthropie absolument pure, qui ne connaît pas de motif égoïste. Il était la pleine expression de Dieu révélé en amour.

LA PLUS GRANDE BÉNÉDICTION QU'IL Y

AIT DANS CE MONDE EST LA RÉVÉLATION DE DIEU. Avant la venue de Christ, avant l'apparition de la bonté de Dieu, dans quel terrible état nous étions tous ! Nous étions, ainsi qu'en parle Tite, III, 3, « insensés, désobéissants, égarés, asservis à diverses convoitises et voluptés, vivant dans la malice et dans l'envie, haïssables, nous haïssant l'un l'autre ». Les riches et les grands étaient aussi haïssables que les pauvres, et ils se haïssaient l'un l'autre. Nous étions tous insensés, désobéissants, et égarés. Nous étions tous esclaves de diverses convoitises et de diverses voluptés. La malice et l'envie n'étaient pas confinées à une classe ou à une nation, mais elles caractérisaient tous les hommes. Qui donc pouvait nous délivrer d'un tel état de choses. Le Judaïsme, ayant les dix commandements de Dieu, n'avait pu s'en délivrer, ni la philosophie des Grecs, ni aucun système de moralité, ni autre chose expérimentée par l'homme. La convoitise, et l'orgueil, et la haine sont maintenus en dépit de tout. C'est alors que *Dieu resplendit comme Dieu Sauveur*, se révélant dans son cher Fils unique.

« *Il nous sauva* ». Il était trop bon, pour nous laisser périr. Il aimait trop l'homme, pour le laisser sans espérance. L'homme haïssait Dieu et son prochain ; mais Dieu aimait l'homme. Son amour à l'égard de l'homme était si grand qu'il donna son Fils qui vint mourir pour nous ; il a versé abondamment sur nous, sur tous les croyants, le Saint Esprit, afin que nous ne soyons plus haïssables et nous haïssant l'un l'autre, mais afin que nous aimions Dieu et que nous nous aimions l'un l'autre ; c'est ainsi que nous serons délivrés de la colère de Dieu qui doit inévitablement venir sur ce présent siècle mauvais.

Mais s'il nous sauva, ce ne fut pas selon nos œuvres. Quelles œuvres pouvions-nous vraiment faire ? Nous ne pouvions que nous haïr l'un l'autre et servir nos convoitises et nos voluptés. Il nous sauva « *selon sa propre miséricorde* ». Il nous considéra et eut pitié de nous, dans notre condition faible et désespérée, créatures repoussantes et haïssables. Il nous sauva, manifestant ainsi sa bonté et son amour pour l'homme. Quel Dieu béni ! Et quel salut merveilleux ! Sa grâce a apporté ce salut à *tous* les hommes. Il est pour chacun de nous, pécheurs et mondains. Le soleil brille pour *tous* ; et c'est pour *tous* que la bonté et l'amour de Dieu sont apparus et qu'ils apparaissent encore. Avec éclat, Dieu brille en Christ pour tous les hommes, en grâce, en bonté et en amour. Une telle pensée, n'est-elle pas un encouragement immense à vous tourner vers Dieu pour recevoir les influences de chaleur et de vie, que manifeste l'amour divin envers l'homme ? Croyez votre Dieu ; recevez son Christ, son cher Fils unique qui a si pleinement révélé les dispositions de Dieu envers l'homme, envers *tous* les hommes ; vous serez sauvé par celui qui se donna pour nous et dont le sang précieux nous purifie de tout péché. Le pronom « nous » est un mot très important. Il comprend tous ceux qui croient Dieu et qui reçoivent Christ comme leur Sauveur. Christ est expressément venu pour mettre Dieu à votre portée, afin que vous sachiez ce qu'il est réellement et que vous soyez encouragés à croire en lui. Tout est *par grâce* ; cependant, la grâce ne vous enseignera pas à vivre négligemment, mais à renier l'impiété et les convoitises mondaines. Elle vous enseignera à vivre sobrement quant à vous-même, justement quant aux autres, pieusement quant à Dieu. Vous désirerez introduire Dieu dans les plus petits détails de la vie quotidienne, et vous attendrez « la bienheureuse espérance et l'apparition de la gloire de notre grand Dieu et Sauveur Jésus Christ, qui s'est donné lui-même pour nous, afin qu'il nous rachetât de toute iniquité et qu'il purifiât pour lui-même un peuple acquis » — c'est-à-dire un peuple qui lui appartienne en propre — « zélé pour les bonnes œuvres ». Pour Dieu, il ne s'agit pas de ce que vous êtes ou de ce que vous avez fait, ou de votre bas état, parce que la grâce de Dieu apporte le salut à *tous* les hommes. Nous sommes « justifiés par sa grâce ». Si c'était par nos œuvres, seulement ceux qui ont fait les œuvres pourraient être sauvés ; mais le salut n'est pas sur le principe des œuvres afin qu'aucun ne se glorifie. Dans ce cas-là, nous nous glorifierions de beaucoup de bonnes œuvres, et nous serions sauvés par ce que nous avons fait au lieu de l'être par ce que Christ a fait. De plus, comment pouvons-nous nous vanter de nos œuvres alors qu'il est dit : « Et tous nous sommes devenus comme une chose impure, et toutes nos justices comme un vêtement souillé » ? (Esaïe, LXIV, 6). Les œuvres viennent à leur vraie place, c'est-à-dire *après* avoir reçu Christ, et non *avant*. Quelles bonnes œuvres Dieu peut-il voir en ceux qui sont « asservis à diverses convoitises et voluptés » et qui vivent dans la malice et dans l'envie ? De telles personnes ont besoin d'un Sauveur ; *vous* en avez besoin, aussi bien que chacun de nous. Quelle consolation, de voir que *Christ ne s'attendait pas à trouver quelque chose de bon chez l'homme,* quand il est venu ici-bas ; car il est venu chercher et sauver ce qui était perdu. *Tout ce qui est bon se trouvait en lui ;* il est mort pour nous, afin que le pécheur, sous le jugement, disparaisse en jugement dans la mort de Christ, ce qu'ayant fait, il a abondamment donné son Esprit béni et saint à tous ceux qui croient. Ainsi, nous sommes justifiés par sa grâce, en dehors du terrible jugement

de Dieu et libérés de l'imputation des péchés, car il a lui-même porté nos péchés
en son corps sur le bois. Au lieu de re-
chercher le bien qui est dans l'homme,
*il place en nous le bien qui est en lui-
même.* Un casseur de cailloux me disait,
il y a longtemps : Vous savez, Monsieur,
il n'y a rien du tout de bon en moi ; tout
n'est que de la mauvaise matière, ici (et il
se désignait lui-même). Puis il continua,
montrant que ce qu'il y avait de bon en
Christ était placé en lui. Il avait raison,
car par le renouvellement de l'Esprit
Saint, Christ (le bien qui était en Christ)
est placé en nous, chrétiens ; le bien qu'il
désire s'opère en nous par la puissance et
l'œuvre du Saint Esprit qui nous a été
donné.

LE LAVAGE DE LA RÉGÉNÉRATION a aussi
une place importante en relation avec la
miséricorde de Dieu qui nous a sauvés ;
par le baptême, nous sommes introduits
en un nouveau lieu sur la terre — parmi
ceux qui ont été baptisés au nom du Seigneur Jésus — et placés sous son gouver-
nement, sous son empire, ayant été extérieurement séparés des nations méchantes

auxquelles nous appartenions. Nous sommes ainsi introduits dans une atmosphère nouvelle où nous pouvons jouir de l'amour de Dieu — là où Christ est aimé et où son autorité est reconnue. Au commencement du christianisme, il y avait beaucoup d'avantages à ce qu'un Juif converti fût séparé de la nation juive orgueilleuse et pleine de haine à l'égard de Jésus ; il y avait aussi beaucoup d'avantages à ce qu'un Gentil converti fût séparé de sa propre nation caractérisée par la souillure et par la méchanceté païenne, afin d'entrer dans une nouvelle compagnie, au milieu de laquelle Dieu demeure et où Christ est connu et aimé. Le baptême les amenait sur le seul lieu purifié sur la terre, et c'était l'unique sauvegarde des enfants de croyants. Les maisons des chrétiens étaient baptisées ; les chrétiens juifs se séparaient des services religieux juifs, où Christ était haï et méconnu ; les chrétiens gentils se séparaient de leurs associations idolâtres. Dieu fournissait ainsi aux chrétiens baptisés tout ce qui pouvait les aider dans leur nouvelle association dont Christ était le lien vivant. Il est impossible de

comprendre la vraie signification du baptême en regardant aujourd'hui aux masses
de chrétiens qui se font baptiser, car la
plupart n'ont jamais pensé à la signification du baptême et sont à peu près aussi
souillés que les païens; et en beaucoup de
cas, ils haïssent Christ comme les Juifs.
La vraie association chrétienne et la sépa-
ration du mal se voient parmi ceux qui
comprennent la signification du baptême
et qui se placent sous l'empire du Seigneur, séparés des nations et de leur politique. Mais le baptême ne nous suffit pas,
si nous désirons vraiment jouir de nos
privilèges ; il nous faut venir à Christ et
recevoir son Esprit. Cela montre la grande
importance du « RENOUVELLEMENT DE L'ES-
PRIT SAINT, qu'il a répandu richement sur
nous par Jésus Christ ». Dieu donne l'Esprit Saint à tous ceux qui croient. L'Esprit de Christ lui-même nous est donné
pour nous rendre conformes à Christ ;
de sorte qu'au lieu d'être haïssables et de
nous haïr l'un l'autre, nous pouvons sortir
dans l'Esprit de Christ et suivre ses tra-
ces, manifestant, dans une certaine mesure, la bonté de Dieu et son amour pour

les hommes. Dieu ne s'attend pas à ce que nous nous rendions convenables pour sa présence ; il n'a pas non plus l'intention d'opérer un grand changement en nous ; mais il nous appelle à la repentance, reconnaissant notre état — il nous appelle à croire son évangile. Ensuite, il opère le changement *pour* nous et *en* nous, car il nous donne son propre Esprit : c'est ainsi que Dieu change l'homme. *Il nous donne l'Esprit d'un autre Homme, l'Esprit de Christ.* Le Saint Esprit, qui nous est donné, nous apporte de nouvelles pensées et de nouvelles manières, les pensées et les manières de l'Homme oint de Dieu — Christ. Voilà ce que veut dire « le renouvellement de l'Esprit Saint » !

Quand nous sommes convertis à Dieu, tout est nouveau ; nous commençons à vivre dans un monde nouveau, le monde du plaisir de Dieu. Le renouvellement de l'Esprit Saint est un travail *dans l'âme*; il continue *tous les jours* de notre vie, si l'Esprit n'est pas contristé par la présence du péché. S'il est contristé, il n'a pas de repos jusqu'à ce qu'il nous ait amenés à la repentance. Son travail a pour but de nous déployer la grâce, et la félicité de Christ, et sa gloire à venir ; il veut nous amener à être conformes à Christ que nous apprenons à apprécier. « Le renouvellement de l'Esprit Saint » est plus élevé que « le lavage de la régénération ». Il est dit de Saul que, « se levant, il fut baptisé » ; il fut lavé de ses péchés et se sépara par le baptême d'une génération tortue et perverse de Juifs incrédules — la nation qui avait mis à mort Christ. Pour Paul eut lieu, à ce moment-là, le lavage de la régénération. Mais le plus haut point fut la réception de l'Esprit de Christ, le propre Fils de Dieu. De cette manière, il vint sous l'enseignement de l'Oint de Dieu, cet Homme béni, le Seigneur Jésus Christ. Il en est de même pour nous ; le Saint Esprit est répandu richement sur nous, non pas sur tous les hommes, mais seulement sur ceux qui croient en Christ et qui le reçoivent comme leur Sauveur — « *notre* Sauveur ». TOUS LES HOMMES ONT LE MÊME DROIT A CHRIST ; CHRIST A LE MÊME DROIT A TOUS LES HOMMES. Mais si vous ne le revendiquez pas comme votre Sauveur, vous ne serez jamais sauvé. Jusqu'à la fin,

vous demeurerez la même créature pé-
cheresse et haïssable, asservie à diverses
convoitises et voluptés ; votre place sera
parmi les iniques dans l'étang de feu.
Christ seul peut vous racheter de toute
iniquité ; il peut vous amener à préférer
la volonté de Dieu à votre propre volonté,
afin que vous vous donniez aux bonnes
œuvres. Non seulement Dieu nous justifie
par sa grâce, mais il nous fait « héritiers
selon l'espérance de la vie éternelle ». En
Christ, il nous donne un glorieux héritage.
LA VIE ÉTERNELLE est le grand but que
Dieu a en vue dans ses voies envers
l'homme ; mais c'est notre privilège de
l'anticiper maintenant dans la puissance
du Saint Esprit. Il nous rend capables de
trouver notre vie dans une sphère et
dans un ordre de choses que la mort ne
peut atteindre. Et nous attendons l'espérance bénie, une seconde apparition, non
l'apparition de la *grâce* de Dieu, mais
*l'apparition de la gloire de notre grand
Dieu et Sauveur Jésus Christ.* Alors, tout
ce qui brilla quand il apparut en grâce
sera manifesté en gloire. Dieu sera publi-
quement glorifié. Christ ne sera pas dés-

honoré et maltraité. Il sera universellement honoré et adoré par toutes les nations. La vie éternelle sera effectivement introduite, et la mort sera engloutie en victoire. Alors sera balayé de ce monde tout ce qui a été un sujet de gloire pour l'homme, comme les flots balayent sur le rivage tous les châteaux de sable faits par les enfants ; quand les flots se retirent, ils ont disparu. Le Seigneur Jésus balayera tout orgueil humain et tous les grands noms écrits sur le sable. Babylone tombera à toujours, et la sainte Jérusalem prendra sa place ; Christ établira son royaume de gloire qui ne peut cesser ou être remplacé par un royaume des ténèbres ; il introduira la vie éternelle, là où tout était marqué par la mort.

Dieu attend que tous les efforts humains en vue d'établir un paradis (ou un ordre de choses meilleur) aient manqué, que la politique des hommes ait rendu la vie insupportable, que sous l'influence de l'homme de péché (l'homme du peuple) Dieu soit complètement mis de côté. Alors, *le ciel s'ouvrira pour révéler un Homme — notre grand Dieu et Sau-*

veur Jésus Christ. La révélation de sa gloire changera tout, sur la face de la terre. Suprême, il régnera, et nous régnerons avec lui et hériterons de tout. Nous verrons Jésus dans sa gloire publique ; sa bonté, sa grâce, son amour pour l'homme seront la joie de toutes les nations.

Recevez-le maintenant, dans le jour de son apparition en grâce, et vous régnerez avec lui quand il apparaîtra en gloire,

H. D'A. C.

Amour Divin

Seigneur, ta grâce si pure
Et ton amour précieux
Et ta bonté sans mesure
T'ont fait descendre des cieux.
Tu nous vis dans la détresse
Aux profondeurs de la nuit.
Lors, ta divine tendresse
En sûreté nous conduit.

Maintenant, sur ton visage
La gloire qui resplendit
Est pour nous l'heureux présage
Du jour où rien ne finit.
Ainsi, gardés par ta grâce,
Nous savourons ton amour.
Le bonheur ici s'efface,
Mais il règne en ton séjour.

C'est dans la maison du Père
Qu'est notre plus douce part.
Là, dans la pleine lumière,
Nous rencontrons ton regard ;
Nous avons la paix suprême ;
Nous goûtons le vrai bonheur ;
Nous savourons, joie extrême,
Ton grand amour, ô Seigneur.

Toi qui connus les souffrances,
L'abandon du Golgotha,
Toutes les douleurs intenses
Que ton amour accepta,
Tu jouis des fruits durables
De ton travail immortel,
Des délices ineffables,
Et du repos éternel.

(Imité de H. D'A. C.).

SÉRIES D'ÉVANGÉLISATION
par H. D'A. C.

ARBRE DE VIE

Arbre de Vie. — Bonnes Nouvelles. — Grâce et Gloire. — L'Évangile de la Gloire

PRIX

Chaque série brochée 0.60
Les 4 séries reliées toile 3.75

SÉRIE D'AFFRANCHISSEMENT
par H. D'A. C.

LA BONTÉ DE DIEU

La Bonté de Dieu. — La Grâce merveilleuse de Dieu envers le premier des pécheurs. — Les Délices de Dieu parmi les hommes. — Départ triomphant du Fils de Dieu. — Grandeur de l'Évangile de Dieu. — L'Évangile du Christ

PRIX

Chaque exemplaire 0.25
La série brochée (sur papier luxe) . . 2.25
La série reliée toile (sur papier luxe) 3.75

Se trouvent chez :

G. BLANC, Rue Saunière, Valence (Drôme)

IMPRIMERIE NOUVELLE — VALENCE

www.ingramcontent.com/pod-product-compliance
Ingram Content Group UK Ltd.
Pitfield, Milton Keynes, MK11 3LW, UK
UKHW021258180726
13837UKWH00007B/2088